C'EST PAS COMPLIQUÉ L'AMOUR !

Niveau A2

Sylvaine Jaoui
Adaptation Pierre Le Borgne

Texte original abrégé

didier

Dans la même collection

Niveau A1
Disparition à Saint-Malo
Le casque mystérieux
Quinze jours pour réussir !

Niveau A2
Le jour où j'ai raté le bus
Avertissement de conduite
Carton rouge ou mort subite
Crime d'auteur

Couverture :
Conception : Chrystel Proupuech
Illustration : Laetitia Aynié

Intérieur :
Conception et mise en page : Nicole Pellieux
Illustrations : Laetitia Aynié

Crédits CD audio :
Nice Game KOS121 3400 / KMUSIC

© Rageot-Éditeur/Les Éditions Didier, Paris 2008 ISBN 978-2-278-06093-1 Dépôt légal : 6093/02
Achevé d'imprimer en Italie par G. Canale & C. S.p.A. en Septembre 2008

Avant-propos

Lecture : mode d'emploi

Lire est d'abord un plaisir : ne le gâche pas en t'arrêtant à chaque fois que tu rencontres un mot inconnu. Continue ! La plupart du temps, tu auras tout compris au bout de quelques lignes grâce au contexte.

Si tu as l'impression que tu ne comprends pas quelque chose d'important, n'hésite pas : reprends au début du chapitre.

Avant de passer au chapitre suivant, tu peux – si tu le veux – faire le point en répondant aux questions posées à la fin du livre, page 51. Si tu as un doute, regarde les réponses page 63 : ainsi, tu sauras tout ce qu'il faut savoir pour comprendre la suite.

Pour t'aider, tu trouveras la liste des personnages à la page 6 et l'explication des expressions marquées * dans le lexique, page 56.

Le récit *C'est pas compliqué l'amour !* a été écrit pour des adolescents francophones. Le texte que tu vas découvrir est le texte original. Cependant, pour que le livre ne soit pas trop long, certains passages sont résumés.

Lire n'est pas seulement une source de plaisir. La lecture permet d'affirmer tes connaissances, de revoir du vocabulaire et de constater que grâce au contexte tu comprends beaucoup plus de choses que tu ne le pensais !

Si tu le veux, tu peux noter les expressions qui te semblent personnellement utiles dans ton carnet de vocabulaire.

Remarques pour le professeur

Le texte proposé correspond à un niveau A2 de compétence en lecture. Le héros du roman a le même âge que le lecteur, il évolue dans un milieu qui lui est familier : la famille et le collège. Les situations sont celles de la vie quotidienne des jeunes. Le personnage principal est un adolescent qui nous raconte l'histoire de son premier amour. Nous l'accompagnons dans sa recherche de la conduite à adopter vis-à-vis de celle qu'il aime et dans l'apprentissage du respect de l'autre.

Les questions et activités proposées pour chaque chapitre permettent au lecteur de vérifier qu'il a globalement compris le texte et qu'il a repéré les quelques informations importantes pour la compréhension du récit.

Quand, pour les besoins spécifiques de l'intrigue, le vocabulaire utilisé dépasse les connaissances supposées acquises au niveau de compétence A2, nous avons veillé à expliquer dans le lexique, page 56, les mots utiles pour une compréhension globale du texte ou une bonne compréhension de points de détail importants pour saisir l'évolution des personnages et suivre l'histoire.

Sommaire

Les personnages

Tom et sa famille
Tom, un collégien qui adore le cinéma
sa mère, qui aime aller à la cinémathèque avec lui
son père, toujours en train de travailler
sa tante Sam, ou Samantha, une spécialiste de l'amour
qui n'arrive pas à garder ses amoureux

et aussi ses cousines et leur grand-père
ainsi que Laurent, l'ami de Sam.

Tom et le collège
Fanny, la fille qu'il aime
Gaston, son meilleur copain
Jonas, un collégien plus sérieux que ses camarades
le petit *Rémi*, qui zozote

et sa prof de français.

CHAPITRE 1
Sam

Q uand Sam vient me chercher au collège, je suis le roi du monde. Tous les garçons de ma classe ont, comme par hasard, quelque chose à me demander ou à me donner. Les filles, je n'en parle même pas, elles se mettent en grappe* et elles se chuchotent* des trucs* à l'oreille en nous regardant. C'est magique. C'est l'effet Sam.

Sam, c'est ma tata, enfin, elle ne veut pas que je l'appelle comme ça ; elle dit que ça fait tout de suite vieille tante barbue* qui pique* quand on l'embrasse.

Ce qu'il y a de bien chez Sam, c'est que c'est une spécialiste de l'amour. C'est elle qui me conseille pour Fanny depuis plusieurs semaines. Je lui ai demandé de m'aider parce que moi, avec les filles, je ne sais pas comment il faut faire. Tout a l'air compliqué*.

Le jour de la rentrée*, quand j'ai vu Fanny pour la première fois dans la cour, à la récré*, ça m'a fait de l'électricité jusque dans les pieds. Surtout au moment où elle a refait sa queue* de cheval. Ben oui, elle a levé les bras pour mettre sa barrette* et je n'ai pas pu décoller mes yeux pendant je ne sais pas combien de temps. Alors sa copine Manon, elle lui a dit discréto* quelque chose à l'oreille et Fanny m'a regardé en souriant. Depuis, à chaque fois que je la croise, j'ai l'impression qu'elle pense à ce jour-là et qu'à l'intérieur d'elle, elle se moque de moi.

Comme j'ai peur de passer* pour un idiot, j'ai demandé à Sam de m'aider. Elle a eu plein d'amoureux dans sa vie, alors elle ne peut pas se tromper*. Je l'appelle tous les jours, je lui raconte ma journée, ce qu'a fait Fanny, ce qu'elle m'a dit… et ensuite on prépare le plan* d'attaque pour le lendemain. C'est rigolo. Il y a les jours loukoum* pendant lesquels je dois être super gentil et amoureux et hop, quand Fanny mord* à l'hameçon, le lendemain, c'est journée acide sulfurique*.

« Ce qui compte, dit Sam, c'est le bon dosage* entre ce que tu donnes et ce que tu prends. Quand tu auras compris ça, elles te mangeront toutes dans la main. »

Eh bien, elle a raison. Fanny, elle fait tout ce que je veux. La dernière fois, dans la cour, j'ai bien vu qu'elle s'était faite toute belle mais je n'étais pas sûr que ça soit pour moi alors je suis passé et je lui ai dit :

— Oh, je suis content de te voir — j'ai attendu un petit moment et j'ai ajouté — parce que j'ai pas fait mes exos* de maths et je voulais que tu me prêtes ton cahier.

Comme dans les dessins* animés, elle est passée du sourire joyeux à la tête catastrophée en une fraction de seconde ; elle a ouvert son cartable* et elle m'a tendu tristement son cahier.

Ça m'a fait de la peine, alors j'ai eu envie de lui dire ce que je ressentais, qu'elle était jolie avec ses longs cheveux raides mais j'ai eu peur qu'elle se moque de moi et, en plus, j'ai pensé à Sam. Elle n'aurait pas été fière de moi.

Elle m'aurait dit : « Tom, tu me déçois*, c'est pas comme ça que je t'ai éduqué, t'as l'énergie d'un spaghetti cuit. Les filles, elles veulent des hommes, des vrais, des durs, pas des savonnettes, un peu de nerf, mon garçon. Ne lui montre surtout pas que tu es sensible à ses efforts ridicules de poupée Barbie. Prends le cahier et tire-toi. Accorde-lui juste un petit sourire en partant et c'est tout. »

Alors j'ai fait comme Sam m'aurait dit et j'ai rejoint mes copains qui me regardaient. Je me suis senti obligé de leur expliquer :

— Vous voyez, les mecs*, c'est pas compliqué les filles, il faut juste les tenir. Fanny, c'est pas parce qu'elle a de longs cheveux châtains et des yeux noirs que je vais être à genoux.

Ils étaient d'accord avec moi. Rémi, il a même ajouté :

— C'est sûr, c'est sûr, les filles, c'est pas elles les chefs, c'est nous les chefs.

Ça nous a fait rire parce que Rémi, c'est le plus petit et il zozote* comme un bébé. Alors qu'il ose dire « Les filles, c'est pas elles, les chefs, c'est nous les chefs », ça a déclenché un fou rire général.

Enfin quand je dis général, j'exagère, évidemment. Jonas, il ne s'est pas marré*. Il a écouté avec l'air du type que ce genre de remarques n'intéresse pas. De toute façon, lui, à part ses cétacés*, je ne vois pas ce qui le branche*. Si, les étoiles… On raconte que sa mère est morte en accouchant* de lui, peut-être qu'il la cherche dans le ciel ou dans le ventre des baleines. En tout cas, il n'en a jamais parlé à personne.

Pour en revenir à Fanny et à ses grands yeux noirs, j'ai tenu bon* toute la journée et ça a été dur. Pas un regard, pas un sourire. Même que, quand j'ai croisé mon reflet dans la vitre du hall en lui disant au revoir à cinq heures, je ne me suis pas reconnu tellement j'avais l'air méchant. On aurait cru Schwarzenegger dans *Terminator 2* : une vraie gueule* de tueur*. C'est Sam qui sera fière de moi quand je lui raconterai ça.

CHAPITRE 2
Les adultes

Quand je suis rentré à la maison, je les ai entendues dès l'entrée, elles étaient en train de se disputer*. Je ne les avais jamais vues comme ça. C'est Sam qui criait le plus fort.

— Mais fiche*-moi la paix, qu'est-ce que ça peut te faire que je ne sois pas encore mariée ?

— C'est dommage.

— Qu'est-ce qui est dommage ?

— Enfin, Sam, tu vas avoir trente ans, il serait peut-être temps de t'engager* avec Laurent, je ne sais pas, moi, d'avoir un enfant. Ton boulot*, ta carrière, c'est bien mais le reste ? Il est très bien cet homme, tu es là, à le faire marner* exprès*, comme si tu étais la seule femme sur terre.

— T'inquiète*, il ne va pas s'envoler. Et puis je te rappelle que tu es ma sœur, pas ma mère. Et que côté mecs, t'as pas de leçon à me donner. Et toi, tes livres pour enfants, pourquoi tu ne les écris pas ? Au début de ton mariage, tu as laissé ton boulot parce que tu disais que tu voulais du temps pour écrire et élever* Tom. Tu en es où aujourd'hui ? À part ton ménage et ta cuisine, qu'est-ce que tu fais ?

À ce moment-là, Sam m'a vu dans le couloir et elle s'est mise à tourner autour de maman en chantant comme dans le dessin animé :

— Cendrillon* ! Cendrillon ! Il faut faire les courses et le ménage… C'est vraiment de l'esclavage*…

Plus maman avait l'air fâchée* plus Sam chantait fort en faisant semblant* de coudre* une robe de princesse. J'ai bien compris qu'elle faisait exprès pour que je croie qu'elles s'amusaient et qu'il n'y avait pas de problème.

Il faut voir mes parents quand ils se disputent et que je débarque* au milieu de la tempête. Ils arrêtent net et ils prennent un air super dégagé*. Puis ça ne loupe* jamais, papa me demande : « Et la gym, Tom, ça va la gym ? » Quant à maman, elle regarde sa montre et elle dit : « Qu'est-ce que je fais là, moi ? Excusez-moi les garçons, mais j'ai des tas de trucs à faire. »

Un jour, j'aurai le courage de leur balancer* : « Ce que tu faisais, maman, tu étais en train de t'engueuler* avec papa et tu lui hurlais que tu en avais* ras-le-bol de cette vie ; que quand tu as arrêté de bosser*, c'était certainement pas pour devenir la bonniche* d'un macho* tout juste bon à rallumer son ordinateur* portable pour travailler encore en rentrant du boulot, ce à quoi papa te répondait que si tu préférais te faire massacrer* par un patron maniacodépressif*, il acceptait de glander* devant la télé tout l'après-midi et de décongeler* "les plats minute" de Picard pour le repas du soir. Voilà, vous en étiez là, je ne voudrais surtout pas vous déranger. Et ne vous inquiétez pas pour la gym, c'est la seule matière où j'ai la moyenne. »

J'aimerais vraiment avoir le courage de leur dire ça mais, pour l'instant, je l'ai pas.

Enfin, pour en revenir à maman et à Samantha, je suis entré dans la cuisine en hurlant :

— Salut la compagnie !

Pour détendre l'atmosphère, j'ai raconté ma journée avec Fanny, comment je l'avais laissé poireauter* à l'arrêt du bus et surtout comment j'étais rentré avec mes copains. Sam a applaudi des deux mains.

Maman a dodeliné* de la tête.

— Vous êtes contents de vous ? Vous trouvez ça bien de la faire souffrir ? C'est quoi exactement le but ?

— Lui montrer qui c'est le mec !

— Ah bien, bravo mon fils… J'ai dû vraiment louper quelque chose dans ton éducation. Remarque, je ne suis pas complètement responsable, tu subis* une très mauvaise influence*.

Évidemment, maman a dit ça en regardant Sam, qui se bidonnait* sur sa chaise.

— Oui, une influence épouvantable et je pèse* mes mots.

Comme on a éclaté de rire, elle est partie en claquant la porte de la cuisine.

— Alors Sam, à ton avis, demain, journée loukoum ou acide sulfurique pour Fanny ?

— Il faut l'achever*. C'est le moment, elle est prête. Il faut lui demander un truc énorme. Un sacrifice* qu'elle ne ferait pour rien au monde. Demande-lui en douceur, avec l'air de ne rien exiger. Ne la brusque* surtout pas et attends. N'oublie pas, Tom, tu es un tombeur* de filles, pas un tueur. De la classe, de la distinction, tu dois être un gentleman lover. Ah oui, point important, préviens* un ou deux bons copains, il faut qu'il y ait des témoins*, le jour de ta victoire.

— Mais qu'est-ce que je vais lui demander ?

— Je ne sais pas, c'est à toi de trouver. Tu connais Fanny, cherche ce à quoi elle tient le plus. Il faut que j'y aille, ça fait exactement une heure trente que ce brave Laurent m'attend dans le café en bas. Ça suffira* pour aujourd'hui.

CHAPITRE 3
Une idée de génie

Après que Sam est partie, Tom cherche ce qu'il va pouvoir demander à Fanny. Il a beau se repasser dans la tête tous les films qu'il a vus avec sa mère à la cinémathèque, il ne trouve pas une seule bonne idée.

Enfin, pour en revenir au sacrifice de Fanny, le matin, j'ai eu l'idée du siècle.

J'ai même pas pris le temps d'avaler* mes Miel Pops, j'ai enfilé mon jean, mes baskets et j'ai foncé au collège. Je me suis assis sur le petit muret en face de la porte d'entrée pour ne pas la louper et là, j'ai attendu Fanny.

Plus les minutes passaient, plus j'étais excité*, je savais point par point comment j'allais procéder*. Pourtant, quand elle est arrivée et qu'elle m'a souri, ça m'a fait mal au cœur, comme quand on est sur la balançoire et qu'elle revient fort vers celui qui la pousse, et je me suis demandé si c'était la peine de lui demander quoi* que ce soit.

Il faut dire qu'elle était vraiment belle et que j'avais plein d'amour dans mon cœur ; mais j'ai pensé à Sam alors j'ai respiré très fort et je me suis approché de Fanny.

– J'ai pensé à toi toute la nuit.

– C'est vrai ?

– Oui et ce matin, j'ai même pas pris mon p'tit déj' tellement j'étais pressé de te voir.

Là, elle est devenue toute rouge, elle a baissé ses grands yeux noirs et j'ai vu que ses cils faisaient de l'ombre sur ses pommettes*. Ça m'a fait un coup de balançoire dans le cœur.

– Moi aussi, j'ai pensé à toi toute la nuit.

Vlan, recoup de balançoire. Si je n'avais pas eu si peur de passer pour de la guimauve* à l'eau de rose, je crois qu'à ce moment-là je l'aurais embrassée et que je lui aurais murmuré* à l'oreille : « Je t'aime Fanny », il y aurait eu la musique du générique* et des applaudissements* autour de nous ; mais je me suis repris et je lui ai dit :

– T'es belle Fanny, tu sais… enfin, il y a tes cheveux… c'est pas que je les trouve pas beaux tout raides comme des baguettes* de tambour, mais moi, il n'y a rien à faire, j'aime les boucles* toutes courtes. Je ne sais pas pourquoi, mais dès qu'il y a une fille avec les cheveux courts et bouclés, je ne peux pas m'empêcher* de l'admirer.

Fanny m'a encore regardé avec ses yeux à faire fondre* un bloc de granit, mais, à ce moment-là, Rémi est arrivé :

– Salut les zamoureux, il a zozoté, si ze déranze, ze disparais.

Ça nous a fait rigoler* et comme on a entendu la cloche sonner, on est rentré et on n'a plus parlé.

Mais dans la classe, dès que les profs écrivaient au tableau, Fanny se retournait pour me voir, ou bien elle se mettait de profil pour que je regarde un petit bout d'elle.

Elles sont malignes*, les filles, pour ça. Parfois, elles ont l'air d'être super absorbées, mais, en vrai, elles vérifient discrètement que tu es en train de les admirer. Toi, tu ne te méfies* pas, tu regardes ; alors évidemment quand tout d'un coup elles se retournent dans ta direction, tu te fais choper* ; et alors là, tu as l'air du pauvre chien qui bave en regardant le gâteau au chocolat posé sur la table basse. Enfin bon, c'était quand même chouette* de voir Fanny s'intéresser à moi.

La journée m'a semblé légère. J'ai raconté mon plan à Gaston en lui faisant jurer le secret. Gaston, c'est mon meilleur copain, il a été très impressionné.

— T'es fou, elle coupera jamais ses cheveux. En plus, comment elle va faire pour avoir des boucles ?

— Elle fera une permanente*. Ils mettent des bigoudis et après ils pétrifient les cheveux dans cette position avec un produit qui pue.

— Mais tu crois qu'une meuf* ferait ça, rien que pour toi ? Couper ses cheveux et les pétrifier avec un truc qui pue ?

— Pas une meuf, Gaston, MA meuf si je la tiens comme ça.

J'ai serré le poing et j'ai fait semblant de visser* comme Jack Nicholson dans *The Shining*.

— Mais tu crois qu'elle va le faire quand ?

— Je sais pas, peut-être qu'elle le fera pas.

— Demain, c'est mercredi, elle aurait le temps.

Tom explique que les filles font tout pour qu'on regarde leurs cheveux. C'est pour ça que l'idée est si bonne !

À quatre heures, avant de partir, j'ai fait un petit signe à Fanny pour lui dire au revoir. Comme elle avait anglais renforcé, elle devait rester. Elle a posé un baiser sur le bout de ses doigts et puis elle a soufflé pour qu'il s'envole.

C'est la première fois qu'une fille me faisait ça. Alors j'ai eu envie de dire à Fanny de ne pas toucher à ses cheveux, que je l'aimais comme ça et que, finalement, c'était pas important de savoir si j'étais le plus fort. Mais j'ai rien dit et je suis parti. J'étais sûr que j'allais le regretter*.

CHAPITRE 4
La catastrophe

Quand je suis arrivé jeudi, Gaston m'attendait, complètement agité.

— T'es le roi, t'es le roi, elle s'est fait pétrifier les cheveux. On dirait un mouton, mais un mouton malade parce qu'elle est dans son coin et qu'elle parle à personne. Faut dire que les autres, ils se marrent.

— Mais pourquoi ils se marrent ?

— À cause de ton plan.

— Mais qui leur a dit ?

Gaston, à ce moment-là, a eu l'air très gêné et j'ai compris qu'il avait tout raconté aux autres, Fanny, moi, le loukoum, l'acide sulfurique, l'amour et les rapports* de force.

— Mais pourquoi tu as fait ça ? T'avais juré*. Tu es un traître*, Gaston, je n'aurais jamais cru ça de toi.

– Je leur ai dit que ce matin, une fois que tu avais gagné. Tu vois, t'es le roi, elle ne peut plus reculer*, elle ne peut plus se faire rallonger les cheveux.

– Mais je m'en fous*, t'es vraiment un nul*. Je fais quoi maintenant ? Je lui dis quoi ?

– T'as rien à lui dire. T'as la preuve* qu'elle t'aime et qu'elle fait tout ce que tu veux. Tu y vas, tu lui dis bonjour, c'est tout.

– Tu crois ?

– Ben oui. Tu avais prévu* quoi dans ton plan ?

– Rien, je ne sais pas… En tout cas, pas que tu cafterais*. C'est ta faute, si ça fait une histoire.

J'ai accusé* Gaston parce que je ne savais pas quoi dire mais, au fond de moi, je pensais que cette histoire de sacrifice, c'était franchement pas une bonne idée.

Pour la première fois, j'ai pensé que Samantha ne savait peut-être pas tout sur l'amour. J'ai pris mon courage à deux mains et j'ai cherché Fanny. Je l'ai trouvée sous le préau*, assise sur le banc.

Quand je me suis approché, j'ai vu que ses cils étaient tout collés par les larmes ; j'aurais voulu lui dire quelque chose de gentil pour la consoler*, mais elle a levé ses grands yeux noirs sur moi et je me suis senti minable*. J'ai fait demi-tour et je suis reparti dans la cour. C'est Rémi qui est venu me parler le premier.

– Alors là, t'es un chef, elle bouze pas une oreille. Moi qui croyais que tu étais amoureux. Tu nous as eus…

Il n'avait pas fini que les autres sont arrivés. Ils parlaient tous de Fanny. Elle était le sujet de rigolade du jour. Même ses meilleures copines se moquaient d'elle.

Je suis retourné sous le préau. Je ne m'étais pas encore approché d'elle que j'ai senti une main qui m'attrapait fermement par l'épaule. Je me suis retourné. Jonas était là, calme comme toujours.

– Tu ne crois pas que tu en as assez* fait pour aujourd'hui? Tu devrais plutôt retourner jouer avec tes petits copains. Je suis sûr que tu as encore plein d'idées intelligentes pour faire rire les crétins*.

J'aurais aimé lui foutre* mon poing en travers de la figure, lui dire de se mêler de ses affaires, que j'aimais Fanny. C'est vrai, il me casse* les pieds, celui-là, avec ses airs de monsieur Je-sais-tout, je suis au-dessus de tout le monde.

À cinq heures, j'ai couru à l'arrêt du bus, je voulais rentrer avec Fanny, qu'on soit tous les deux pour que je lui sèche ses cils et que je lui explique tout.

J'ai attendu un quart d'heure et soudain, je l'ai remarquée, assise sur le porte-bagages de Jonas. Il lui avait prêté sa casquette Nike et il zigzaguait avec son vélo pour la faire rire.

Quand ils sont passés près de moi, elle m'a vu. Elle a tourné la tête et j'ai eu l'impression qu'elle s'agrippait très fort à Jonas. Ça m'a envoyé un coup de balançoire dans le cœur sauf que là, après, j'étais super triste.

CHAPITRE 5
Seul

Maman est venue me voir dans ma chambre, mais elle est ressortie sans un mot quand je lui ai hurlé qu'il y en avait marre* des mères pots* de colle et que, dans les droits de l'enfant, il y avait aussi la liberté de penser sans contrôle du pouvoir* en place. C'est vrai, les adultes, ils sont très forts pour la théorie, mais pour le reste…

Je n'ai pas vu tomber le jour ; de toute façon, dans ma tête, il faisait noir depuis le matin.

C'est papa qui est venu me chercher pour dîner.

– Salut Tom, ça va ? Ta mère m'a dit que tu écoutes pousser tes cheveux depuis six heures de l'après-midi.

– Je voudrais la paix, si ça ne te dérange pas.

– Je te trouve bien insolent*. Tu sais que moi, si j'avais répondu comme ça à mon père…

– Je sais, je sais, il t'aurait filé une ratatouille* et tu aurais fini ta scolarité* en pension*.

– Exactement.

– Eh ouais, pas de chance.

Papa m'a regardé droit dans les yeux, genre je suis le père et tu as intérêt à t'en souvenir. J'ai soutenu son regard. Je m'étais assez écrasé toute la journée, il fallait que ça sorte.

– Tom, ne dépasse pas les bornes*.

– Sinon quoi ?

Il n'a pas su répondre. J'ai vu le bas de son menton trembler et sa main droite amorcer une baffe, mais il s'est levé, raide comme une canne à pêche les jours où ça ne mord pas*, et il est sorti de ma chambre.

De toute façon, mon grand-père, je ne le connais pas. Ce n'est pas la peine de me le donner en exemple. Papa est fâché avec lui depuis son mariage avec maman. Je n'ai jamais vraiment su pourquoi, c'est sujet tabou* à la maison.

La seule chose que je sache, c'est que c'est un dictateur* : lever à six heures même pendant les vacances, silence à table, pas de câlin*, pas de bisou*, mais ratatouille au moindre mot de travers.

Quand je vais chez mes cousines Julia et Lola et qu'il y a leur grand-père, je me dis que j'aimerais bien que ce soit le mien. Je lui parle de mes problèmes et lui, il me raconte *L'Odyssée**. La dernière fois, il a passé tout l'après-midi à monter une maquette de bateau avec moi, en m'expliquant pourquoi Ulysse avait mis tant de temps à rentrer sur son île. C'est pas du tout à cause des dieux, c'est parce que Pénélope* était vraiment casse-pieds et qu'Ulysse avait envie de se prendre des vacances.

Le soir, quand j'ai raconté ça à papa, il a eu l'air triste. Je n'ai pas compris pourquoi, mais après je me suis dit qu'il aurait peut-être aimé avoir un père comme lui pour me l'offrir comme grand-père.

C'est pour ça que je n'ai pas aimé qu'il ne cherche pas à comprendre mon chagrin*. Il sait, lui, ce que c'est que d'être triste tout seul. Pourtant ça ne change rien, il ne parle jamais avec moi. Dès que j'essaye d'exprimer ce que je ressens, il s'arrange pour parler d'autre chose.

Le plus souvent, il allume son ordinateur portable et il me dit : « Il faut que je me mette au boulot si je veux offrir à ma petite famille une vie de rêve. » Je n'ai jamais osé lui balancer qu'une vie de rêve, ça serait une vie dans laquelle il ferait une partie de *Teken 3* sur la Play Station avec moi, en me racontant des blagues Carambar complètement nulles.

En tout cas, ce qui est sûr, c'est que c'est pas pour ce soir. Il ne m'a pas appelé pour dîner et maman n'est même pas venue me chercher.

CHAPITRE 6
La famille

Quand Tom se réveille le lendemain matin, il ne se sent pas bien. Il pense à Fanny et à ses cheveux, à Jonas… Si seulement ce n'était qu'un mauvais rêve, mais hélas, c'est la triste vérité – et on ne peut pas changer le passé. La journée au collège est longue et triste. Rentré à la maison, il se demande pourquoi il a suivi les conseils de Sam. Il imagine tout ce qu'il aurait pu faire avec Fanny, si seulement il n'avait pas écouté sa tante… Et Fanny est maintenant dans les bras de Jonas !

Tom se trouve complètement nul. Il sait bien que les garçons ne doivent pas pleurer, surtout pour une fille, mais les larmes sont les plus fortes.

À ce moment, on a frappé à ma porte. C'était Sam, certainement alertée par maman. Je lui ai dit que je n'avais pas envie de lui parler, qu'elle était nulle, qu'elle se croyait forte mais qu'elle était tout simplement méchante et que si maman était Cendrillon, elle, elle était vraiment sa méchante sœur – Javotte ou Anastasie, au choix –; et que jamais elle n'arriverait à rentrer son gros pied dans une jolie chaussure et que jamais un prince n'aurait envie de l'emmener loin, qu'elle resterait une vieille fille* moche* et méchante.

J'ai dit ça d'un coup, sans reprendre ma respiration, à travers la serrure*. Pendant un long moment, il n'y a eu aucun bruit et puis j'ai entendu Sam renifler* et des petits gémissements* comme quelqu'un qui pleure. J'ai ouvert ma porte et je l'ai vue, par terre, avec des yeux rouges comme un lapin.

– Laurent m'a quittée, il m'a juste laissé un message sur mon portable pour me l'annoncer, tu sais ce qu'il me dit : « Un bon conseil, si jamais tu en as un, branche*-toi sur ton cœur, ça permettra peut-être à quelqu'un de t'aimer. »

Elle a mis sa tête dans les mains et elle a continué à pleurer. Je me suis assis près d'elle.

– Si tu veux, on peut fonder un club, Fanny ne m'aime plus. J'ai été le roi des nuls. Je lui ai demandé de couper ses beaux cheveux raides et de les faire friser. Elle l'a fait, mais elle a su que c'était un plan. Maintenant, Fanny est dans les bras de Jonas et tout le monde se fout de moi.

Sam m'a regardé avec un air désespéré et elle s'est mise à pleurer encore plus fort :

– C'est ma faute, c'est ma faute, décidément, je ne sais faire que du mal aux gens que j'aime. Je ne comprends plus rien à tout ce qui arrive.

– Mais enfin, Sam, t'es quand même une super spécialiste de l'amour, non?

Elle n'a rien répondu.

– Si tu as eu plein de fiancés*, c'est parce que tu sais comment ça marche.

– Ben non…

– Non, quoi?

– Si j'ai eu plein de fiancés, c'est parce que, justement, je ne sais pas comment ça marche. Je n'ai pas su en garder un seul…

Quand j'ai eu dix-huit ans, j'ai rencontré celui que je croyais être l'homme de ma vie. Je le trouvais… merveilleux, profond, intelligent, drôle, beau. Il jouait du piano comme un dieu, il faisait de la boxe thaï comme un athlète, il lisait des livres de philosophie incompréhensibles… Il me faisait rire, pleurer, rêver, tout quoi! Je faisais tout pour lui plaire. Je me suis habillée comme il aimait, j'ai pensé comme il voulait, je voyais uniquement les gens qu'il connaissait, je suis devenue sa marionnette*… Plus j'en faisais, plus il en demandait.

– Ben, avec tout ça, il a dû t'adorer.

– Non. Et en plus, un beau matin, je me suis réveillée, j'ai regardé dans le miroir et c'était plus moi.

– C'était qui?

– Une autre. En plus, ce crétin, il m'a dit: « T'as changé, Sam, tu n'es plus la même qu'avant, tu ris moins, t'es – comment dire – moins naturelle, moins libre. J'aimais tellement ce que tu étais avant… »

– Oh la vache*! Et qu'est-ce que tu as fait?

— Je l'ai quitté. Je ne mangeais plus et la nuit je me réveillais, j'avais des larmes qui coulaient toutes seules. Mais j'ai tenu bon. Je me suis juré que plus jamais un homme ne me dirait ce que j'ai à faire ou qui je dois être. Le problème c'est que, depuis, je n'ai plus confiance, je me blinde* dès qu'il y en a un qui s'approche. Je suis devenue un mur de béton. Laurent, je l'aime, mais je n'arrive ni à lui dire ni à lui montrer.

À ce moment, maman est arrivée dans le couloir, elle nous avait préparé un plateau avec du sirop d'orgeat et des gâteaux à l'anis. Elle l'a déposé à côté de nous et elle est repartie sans un mot. Ça aurait été facile pour elle de se moquer de nous, de nous dire que c'était bien* fait, qu'on ne traite pas les gens comme ça, qu'un jour ou l'autre, le boomerang, il te revient en pleine figure ; mais elle s'est tue et j'ai apprécié son silence, même s'il faisait plus mal que les mots.

Ça a déclenché* chez Sam une nouvelle crise de larmes que rien n'a pu arrêter. J'ai appelé maman parce que je ne savais pas quoi faire de cette eau. Elle lui a dit tout doucement :

— Qu'est-ce qui se passe ma Sam ? Je ne t'ai jamais vue dans cet état.

— Je suis un monstre… j'ai des barbelés* tout autour. Je ne sais plus aimer. Comment tu fais, toi ?

— Je fais comme je peux… Et parfois je fais mal.

– Toi, faire mal ? Mais tu es un modèle. Ta maison est impeccable, ton mari t'adore, ton fils est une merveille.

– Ah oui, tu crois ça ? Tu devrais venir plus souvent à la maison. C'est pas toujours simple. Parfois, Pierre travaille comme un fou, il se branche sur son portable dès qu'il rentre. Il n'ouvre la bouche que pour demander si le dîner est prêt. Tom joue à la Play Station ou téléphone à Gaston. Je passe ma soirée sans que qui* que ce soit me voie ou me parle.

– C'est vrai ?

– Bien sûr, ma Sam. Mais il y a aussi le bonheur d'aller à la cinémathèque avec Tom ou de me réveiller avec Pierre à mes côtés. J'adore quand on écoute de la musique tous les trois ou qu'on mange un énorme gâteau au chocolat en s'en mettant plein les doigts. C'est tout ça, ma vie avec eux…

– Mais toi, rien que pour toi ? Tu fais quoi ?

– Ça, c'est mon jardin* secret… Viens voir…

On a suivi maman dans sa chambre. Elle a ouvert son armoire, sorti une grosse caisse pleine de cahiers. J'ai vu des titres : *La montgolfière* et le scotch* double face* ; *Takakité Tondoyo, le sumo amoureux…*

– C'est quoi, ces trucs-là, maman ?

– Ce sont mes histoires pour enfants, celles que j'écris depuis des années quand vous partez travailler.

– Mais tu ne nous les as jamais montrées ?

– Non.

29

— Tu les as envoyées à un éditeur* ? lui a demandé Sam.

— Non.

On est restés la bouche ouverte comme les carpes dans les films sur les poissons d'eau douce. Puis Sam a retrouvé la parole :

— Je n'en reviens* pas… Je ne connais rien de la vie de ma sœur. La fée* du logis n'aime pas ses éponges*, s'ennuie parfois en famille, mange salement ses gâteaux au chocolat et est un grand écrivain méconnu. C'est tout, tu n'as rien d'autre à nous révéler ?

— Si. Pierre, Tom et toi, vous êtes ma famille et je vous aime tels que vous êtes.

Là, ça a été le bouquet*, Sam s'est remise à pleurer, elle est tombée dans les bras de maman qui l'a consolée.

Et le soir, elle n'est même pas rentrée chez elle. Elle a pris le sac de couchage de Gaston et elle a dormi au pied de mon lit.

Il devait être au moins une heure du matin, j'étais encore en train de réfléchir quand Sam s'est mise à crier :

— Non, non, non, je ne veux pas me marier, laissez-moi…

Je suis descendu de mon lit, je lui ai caressé la tête, comme maman me fait quand j'ai des cauchemars*, et elle s'est calmée.

Tom se dit que les adultes sont vraiment de grands adolescents. Il pense à son père et aux ratatouilles qu'on lui a données, au rapport de forces de Sam avec les garçons : personne n'oublie ses problèmes d'enfant. Même sa mère pique parfois sa crise* quand elle s'écrit : « Vous croyez que je suis votre femme de ménage ? Que je suis là pour ramasser vos tasses à café et vos bols de céréales vides ? »

Elle répète qu'elle est une femme libre et qu'elle peut partir quand elle veut. Pourquoi est-ce qu'elle s'énerve comme ça ? Parce que sa famille était trop sévère*, surtout sa mère, et qu'elle rêvait de liberté quand elle était adolescente.

Tom trouve que tout cela n'est pas trop rassurant. Il ne faudrait pas que les gens deviennent des parents avant d'avoir arrêté eux-mêmes d'être des enfants.

Chapitre 7
Déprime*

Avec toutes ces angoisses*, je ne me suis endormi qu'au petit matin. Sam était déjà levée quand je me suis réveillé, elle avait des yeux comme des gnocchis. Elle m'a fait un grand sourire, genre « j'ai repris* le dessus » ; d'ailleurs, elle m'a dit :

— On ne va pas se laisser abattre*, hein, l'asticot. Des garçons et des filles, il y en a plein les rues, il n'y a qu'à se baisser pour les cueillir.

— Sauf que quand tu veux une orchidée rare, ça ne t'avance pas de savoir qu'il y a des marguerites plein la prairie.

— Ben, qu'est-ce qu'il t'arrive, toi, t'es devenu poète ?

— Non, c'est pire, je suis amoureux et c'est une sacrée galère*. Je ne savais pas que c'était aussi dur, puis surtout, je croyais que c'était un truc de fille et maintenant je ne sais pas quoi en faire.

Tom et Sam se demandent ce qu'ils vont devenir. Ils sont prisonniers* de leurs sentiments. Tom pense à Fanny, Sam à Laurent. Il faut qu'ils agissent. Il faut qu'ils comprennent comment l'amour et les sentiments fonctionnent.
Sam propose d'acheter des livres pour s'informer. Ils vont dans une des plus grandes librairies de Paris. Là, il y a des centaines de livres sur l'amour. Ils en choisissent deux et rentrent à la maison.

Sur le chemin du retour, on est passés devant une belle boutique qui vend des robes de mariées. Je me suis arrêté pour regarder. Il y en avait une vraiment jolie, une vraie robe de princesse. J'ai demandé à Sam si elle ne voudrait pas la porter en tenant Laurent par le bras.

— Pour avoir l'air cruche* comme toutes les nanas* qui se marient. Merci bien.

Je ne me suis même pas donné* la peine de lui faire remarquer qu'elle ne pensait pas ce qu'elle disait, que c'était encore son baratin* de fausse fille mal libérée. J'ai continué à marcher. Pas de bol* pour elle, dix mètres plus loin, il y avait un magasin de vêtements pour bébés. J'ai bien vu qu'elle l'avait vu. Elle a accéléré* pour ne pas croiser mon regard. Quand je l'ai rejointe un peu plus loin, elle avait le bout du nez tout rouge et les yeux mouillés. Sans commentaires…

En rentrant, on a filé dans ma chambre et on s'est mis au boulot.

À huit heures du soir, on en était toujours au même point : l'amour, tout le monde en parle, mais personne n'y connaît rien.

J'étais encore plus déprimé après et j'en suis arrivé à la deuxième constatation* pénible de ma vie : après avoir compris que les parents sont des ex-enfants qui n'ont pas toujours réglé leurs problèmes, il fallait se rendre à l'évidence, les écrivains sont des gens qui expliquent à des ignorants* des choses qu'ils ne comprennent pas eux-mêmes. J'ai fait part de cette réflexion à Sam et elle m'a dit en se marrant :

— Si petit et déjà une si grande compréhension de la vie.

En temps normal, ça m'aurait fait rire, mais là, je ne sais pas pourquoi, ça m'a accablé*. Les vannes* ont lâché et je me suis encore mis à pleurer. Maman, qui passait dans le coin pour nous avertir* que le repas était prêt, nous a regardés bizarrement et est repartie. Trois minutes après, papa est entré dans ma chambre et, pour la première fois de toute mon existence*, il m'a invité à prendre un Coca, au café d'en bas.

CHAPITRE 8
Entre hommes

Tom et son père sont assis l'un en face de l'autre. Après un long moment de silence gêné, le père de Tom prend enfin la parole.

Mon fils, ta mère est très inquiète, ça n'a pas l'air d'aller très fort pour toi en ce moment. Elle a pensé que ce serait peut-être plus simple de me parler parce que je suis un homme et que tu es un garçon. Alors comme je sais que c'est dur de dire ses propres difficultés, je vais te faire la liste de ce qui pourrait te poser des problèmes et tu m'arrêtes quand je tombe juste. Tu as de mauvaises notes à l'école ? Tu t'es disputé avec ton meilleur copain ? Tu fumes et tu ne sais pas comment nous l'annoncer ? Tu es victime* d'un racket à l'école ?

Pauvre papa, j'ai compris à ce moment-là pourquoi il ne parlait plus qu'avec son ordinateur. À force de regarder ses tableaux de chiffres, il avait dû muter* en machine sans que personne ne s'en rende compte. Il n'y avait plus que quatre problèmes types pour les individus mâles de mon âge, il fallait choisir dans la liste.

— Alors Tom, lequel ?

— Mais papa, c'est pas ça, je suis amoureux.

— D'une fille ?

— Non, d'un hamster réfugié politique.

Papa a souri puis il s'est mis à rire, d'un rire que je ne lui connaissais pas. Le rire du type vraiment content parce qu'il vient d'échapper à un truc grave.

Je l'ai laissé se marrer. Il a viré au rouge, tellement il riait.

— Elle s'appelle comment, Tom, ta fiancée ?

— Elle s'appelait comment, tu devrais dire.

— Elle t'a plaqué* ?

— Non, je l'ai mise dans les bras d'un autre, c'est pire...

Comme papa avait l'air de s'intéresser à la chose, je lui ai tout raconté : les plans de Sam, les cheveux raides de Fanny, ses yeux noirs, la permanente, Gaston, la casquette de Jonas, les livres sur l'amour. Tout quoi...

Il m'a regardé avec un super gentil sourire.

— Et qu'est-ce que tu comptes faire alors ?

— Je ne sais pas. En tout cas, je ne veux plus retourner au collège.

— Et tu vas laisser Fanny aux mains de Jonas sans te battre pour la récupérer* ?

— Je ne vais quand même pas la forcer à m'aimer.

— La forcer, non, mais lui donner les raisons de le faire, oui.

— T'as un plan ?

— Ça suffit maintenant avec tes plans, ça ne t'a pas servi de leçon, le plan de Sam ?

— Si.

Papa a marqué un temps d'arrêt et puis il m'a raconté une histoire. Celle de maman et lui quand ils se sont rencontrés. J'aurais jamais imaginé ça de mes parents.

Avant de rencontrer le père de Tom, sa mère connaissait un autre homme, très riche. Le père de Tom était étudiant. Il n'avait pas d'argent, mais il avait toujours des idées amusantes : il mettait du Perrier* avec de la grenadine dans des verres à champagne. Il faisait des fleurs en papier qu'il offrait à la femme qu'il aimait.
Quand ils ont voulu se marier, le grand-père de Tom n'était pas d'accord. Son père n'a pas changé d'avis, il est parti et il s'est marié quand même. Depuis le père et le grand-père de Tom sont fâchés et ne se voient plus.

— Tu vois, Tom, être un homme, ce n'est pas être un macho qui demande un sacrifice à une femme pour prouver qu'il est le plus fort, ni être un homme dur qui tape* sur son gosse* pour lui montrer qu'il est le père. C'est savoir qui on est, ce qu'on veut vraiment et le dire avec des mots, des gestes, des actes, sans jamais avoir peur du ridicule*. C'est quelque chose que j'avais oublié ces derniers temps et tu vois, c'est toi qui me l'as rappelé, mon fils.

Papa m'a pris dans ses bras et m'a embrassé très longtemps. J'ai senti de l'eau sur mon oreille ; ses larmes avaient dû couler en diagonale.

CHAPITRE 9
Il faut que ça change

Quand on est rentrés à la maison, Sam était partie. Maman nous attendait à moitié endormie sur le canapé.

– Vous étiez où ? J'étais inquiète.

– Au café en bas, maman, on a discuté longuement entre hommes.

Ma mère m'a regardé d'un air super étonné, je lui aurais dit que la reine d'Angleterre venait dîner, ça lui aurait fait le même effet. Puis elle s'est tournée vers papa.

– Toi, tu as discuté longuement avec ton fils ?

– Oui, lui a répondu papa, c'est interdit ?

– Non, c'est pas ça, c'est parce que… enfin, c'est…

– T'as du mal à parler, maman. Papa, tu ne crois pas qu'il faudrait qu'on l'aide ?

– Je vais m'en charger*, fiston. Je savais très bien faire ça dans le temps.

Il s'est approché de maman et il lui a fait un bisou.

– Tu viens, j'ai des choses à te dire.

– Mais tu n'as pas de travail, ce soir ?

– Si, un sacré boulot, rattraper* le temps perdu.

J'ai fait un clin* d'œil à papa et je suis parti dans ma chambre pour les laisser s'expliquer et puis aussi pour réfléchir à ce qui me restait à faire pour reconquérir Fanny.

Quand je me suis réveillé le lendemain, il n'y avait pas un bruit dans la maison. Ça m'a semblé bizarre parce que d'habitude, le dimanche matin, j'entends maman qui vide le lave-vaisselle et papa qui imprime* son bilan de la semaine. Là, rien.

J'ai marché jusque dans leur chambre, je suis entré sans faire de bruit et là, j'ai vu un spectacle incroyable…

Maman était installée sur son lit comme une princesse, un plateau avec un super petit déj' sur les genoux. Papa était assis près d'elle avec un air ravi.

À ce moment-là, je me suis demandé si ça valait vraiment le coup que je galère avec Fanny pour finalement en arriver là dans vingt-cinq ans. Et puis je me suis dit qu'avant d'être vieux et ringards*, on aurait le temps d'être jeunes et cools.

Je les ai laissés roucouler*. J'ai téléphoné à Sam. Je lui ai raconté pour mes parents, ça l'a fait marrer.

CHAPITRE 10
La montgolfière amoureuse

L'après-midi, papa a fait marcher son imprimante* mais cette fois-ci, c'était pour sortir les romans de maman. Elle lui avait montré la boîte dans son armoire.

Il faisait de grands gestes, sortait des enveloppes géantes en kraft* et répétait sans arrêt :

— Il faut envoyer chaque roman à au moins quatre maisons d'édition* sérieuses, alors méthode, rigueur et concentration.

Avec maman, ça nous a fait mourir de rire. Plus on le regardait, plus on le trouvait drôle. Il avait complètement oublié qu'on était là, tous les trois dans le salon. Il se croyait seul à régler un problème d'importance mondiale et ça le mettait dans un état méga dramatique.

— Maman, tu crois qu'il va imploser* ?

– Je ne sais pas.

– Tu pourrais peut-être lui dire de rester cool, qu'il n'y a rien de grave.

– Avec ton père, chéri, tout est grave…

– Et tu arrives à le supporter depuis tout ce temps?

– Oui.

– Comment tu fais?

– Comme la montgolfière.

– Comme qui?

– Comme la montgolfière amoureuse du rouleau de scotch double face.

– C'est quoi cette histoire?

– C'est une de mes histoires.

– Vas-y, raconte…

Je me suis installé sur le canapé, la tête sur les genoux de maman.

Voici l'histoire de la jolie montgolfière Amandine. Un jour, Éliot, le rouleau de scotch double face, lui demande si elle veut se promener avec lui. Amandine rit et s'envole. Le lendemain, elle propose à Éliot de lui montrer tout ce qu'elle rapporte du ciel: des plumes d'ange, des morceaux de soleil, des branches d'étoile… Éliot n'a pas de temps à perdre avec ça, car il a des choses beaucoup plus utiles à faire: un rouleau de scotch double face, ça doit coller. Coller des cartons de déménagement, par exemple. Amandine ne veut plus le revoir.

Quelques semaines plus tard, Éliot découvre Amandine toute dégonflée et trouée de coups de bec d'oiseau. Il la regonfle et scotche* les trous. Depuis Amandine et Éliot s'aiment tendrement et sont devenus inséparables.

Éliot croit qu'il a fait comprendre à Amandine l'utilité des choses utiles. Amandine pense qu'elle a fait comprendre à Éliot l'utilité des choses inutiles.

Voilà, jeune homme, pourquoi je supporte l'air toujours sérieux de ton père ; il colle des deux côtés mais il aime les étoiles même s'il ne le montre pas.

À ce moment-là, papa, qui avait fini d'imprimer les textes, s'est approché de nous.

— Qu'est-ce que vous devez coller des deux côtés ? Mais il n'y a rien à coller. Elles sont auto-adhésives les enveloppes. Vous avez vraiment le don de compliquer les choses simples. Heureusement qu'il y a un homme efficace* dans cette famille pour gérer les situations.

Maman l'a regardé très sérieusement :

— C'est vrai, elles sont auto-adhésives, les enveloppes ? Ah mais très bien. Tu vois, Tom, ton père a réglé notre problème, plus besoin de chercher de la colle, il s'en charge lui-même.

J'ai félicité papa pour son hyper ultra efficacité, ça lui a fait super plaisir. Décidément, il n'en faut pas beaucoup pour rendre heureux les parents.

Une fois couché, l'histoire de maman m'a trotté dans la tête ; finalement, l'amour, c'est encore plus compliqué que je ne pensais : si avec Fanny, il faut que je colle de tous les côtés et qu'en plus je décolle, je ne suis pas sorti* de l'auberge.

CHAPITRE 11
Le cours de français

Fanny était super belle quand elle est arrivée lundi. Elle avait un bandana rose dans les cheveux et une robe en jean toute moulante*. Elle ressemblait à un top model. Les filles qui s'étaient moquées d'elle en ont ravalé* leur venin et les garçons l'ont regardée avec la langue jusqu'aux pieds, comme le loup dans les Tex* Avery.

– Finalement, cette permanente, c'est une idée de génie, ça donne du volume à des cheveux plats, tu ne trouves pas, Tom ?

Je n'ai même pas répondu à cette peste de Cindy. Je me suis assis à ma place et j'ai attendu que le cours commence. On avait français. J'aime bien ma prof. Elle sent toujours bon et, quand elle bouge, ses bracelets font du bruit.

Elle nous a lu un texte, un type qui avait tué un homme sur une plage, il faisait très chaud, il avait tiré plusieurs balles* et il ne savait pas pourquoi. Dans le passage, il était en prison* et on allait l'exécuter* le lendemain. Il allait mourir et il comprenait enfin des choses importantes.

La prof nous a demandé si nous aussi, il nous était arrivé de comprendre des choses importantes un peu trop tard. Ça m'a fait un grand coup. J'ai levé le doigt.

— Oui, Tom ?

J'ai respiré très fort. Mon cœur cognait dans ma poitrine. Mes jambes étaient toutes molles.

— Voilà madame, j'ai compris quelque chose beaucoup trop tard et depuis ça ne va pas bien.

— Si tu penses que c'est trop tard, c'est parce qu'il y a, comme dans le roman, l'impossibilité de réparer*. Tu es sûr que c'est vraiment le cas ?

Je me suis retourné vers Fanny.

— Je crois, oui, mais il faut demander à celle qui a la réponse.

Il y a eu un grand silence dans la classe. Fanny a baissé la tête et n'a rien répondu. Alors, j'ai ajouté :

— Il faut peut-être que j'explique les choses pour que vous compreniez. Il y a quelques jours, j'ai été le roi des nuls, j'ai mal agi. J'ai cru être le plus fort, j'ai été le plus méchant. J'ai fait du mal à quelqu'un que j'aime, mais ce n'est pas ce que je voulais faire. Maintenant, cette personne croit que je suis un sale type et elle s'est pris un garde* du corps pour m'empêcher de l'approcher et de m'expliquer.

La prof est venue près de moi et elle m'a dit comme si elle n'avait pas compris que je parlais de Fanny :

44

– Et si tu avais la possibilité d'être entendu par cette personne, qu'est-ce que tu lui dirais ?

– Je lui demanderais pardon d'abord pour ce que j'ai fait. Je lui dirais que ce n'est pas du tout ce que je voulais... Et que plus tard, si elle arrive à oublier et à pardonner, je voudrais redevenir son ami.

Il n'y avait pas un bruit, pas un murmure dans la classe. Le temps s'est arrêté quelques minutes. J'aurais vraiment voulu être ailleurs, très loin, sur une autre planète*. Mais tout d'un coup, la prof a applaudi, fort, très fort et les autres ont suivi.

Fanny avait toujours la tête baissée, mais j'ai cru voir comme de la joie qui passait sur son visage. Les applaudissements ne se sont pas arrêtés ; les garçons ont commencé à chanter :

– On est les champions, on est les champions, on est, on est, on est les champions.

On se serait crus à la finale de la coupe du monde de foot. Les filles sont montées sur les tables pour faire les pompom girls. En quelques secondes, la classe s'est transformée en une gigantesque fête.

Heureusement, la cloche de la récré a sonné, ils ont tous pris leur cartable et ils sont sortis en riant.

Je suis resté assis à ma place, je ne me sentais pas la force de me lever ni de parler avec les autres. La prof a rangé ses affaires. Elle ne m'a pas dit un mot. Elle est partie comme si je n'existais pas.

CHAPITRE 12
Le bonheur...

Quand je suis sorti de la classe, Fanny m'attendait, bien plantée au milieu de la cour. Évidemment son garde du corps était à côté d'elle. Je me suis avancé vers eux.

Jonas m'a fait un clin d'œil discret et s'est éloigné. Fanny, elle, m'a regardé méchamment. J'ai balbutié* quelques mots :

— Je te demande pardon, Fanny.

— Ça ne suffit pas.

— Je sais.

— C'est trop facile de faire du mal aux gens et de faire son cirque* après, devant les copains et les profs. Je ne suis pas un personnage de tes vieux films pourris*, je suis une personne. Tu m'as humiliée* devant tout le monde.

Maintenant, j'ai beau mettre un bandana rose et ressembler à une Spice Girl, dans ma tête, je suis moche.

J'ai baissé les yeux, tellement les siens lançaient des éclairs. J'ai attendu un petit moment et j'ai dit tout doucement :

— T'es super belle Fanny. Ta force à toi, elle n'est pas dans tes cheveux.

Comme elle ne m'a pas interrompu, j'ai continué :

— J'ai vu un super film hier, ça m'a fait penser à nous.

— C'était *Scream 2*, celui où il y a un type qui a l'air gentil mais qui se révèle être un monstre ? Il attire la fille avec de grands sourires dans un guet-apens* et après il la massacre* à la tronçonneuse*.

— Non, c'était *Samson et Dalila*. Un vieux film de 1951 réalisé par Cecil B. De Mille. Tu connais l'histoire ? C'est celle d'un homme très fort qui protège son peuple et éclate tous les Philistins* qu'il croise. Personne ne sait d'où il tient sa force. Alors, un jour, on envoie une espionne. Elle s'appelle Dalila. C'est un canon*, avec de grands yeux noirs comme les tiens. Elle drague* Samson et il tombe fou amoureux d'elle. Il lui livre son secret : toute sa force réside dans ses cheveux. Si on les lui coupe, il devient un agneau docile. Une nuit, la traîtresse* lui fait la boule* à zéro pendant qu'il dort. Au matin, les Philistins l'enchaînent sur la place publique et lui crèvent* les yeux. Samson le fort devient la risée* de tous. Dalila se rend compte qu'elle l'aime et regrette son geste, mais il est trop tard.

— C'est horrible ton histoire. Ça ne m'étonne pas que tu aies des idées aussi tordues si tu regardes des films pareils.

— Attends, c'est pas fini... Les cheveux de Samson repoussent et sa force aussi. Il brise ses chaînes et détruit le temple dans lequel il y a le roi et tous les Philistins.

— Et il retrouve Dalila ?

— Non, il meurt sous les ruines. Il ne lui aurait peut-être jamais pardonné, il valait mieux qu'il meure*.

— C'est débile, il fallait essayer au moins. Quand on aime les gens, on peut tout leur pardonner.

— C'est vrai, tu penses ça, toi aussi ? Que lorsqu'on aime les gens, on peut tout leur pardonner... Même une trahison terrible. Alors pour nous, c'est pas trop tard, il y a un moyen de réparer ?

— Fiche-moi la paix.

Tom s'approche de Fanny et lui fait un bisou dans le cou. Tout d'abord, elle recule, puis elle lui sourit. Ils s'amusent ensuite tous les deux à imaginer ce que pourraient bien faire Dalila-Tom et Samson-Fanny. Ils trouvent une conclusion à l'histoire: Dalila tombe amoureuse de Samson.

— Et après, Samson, grand seigneur, pardonne à Dalila. Il l'épouse, lui fait deux mini Samson avec des couettes*. Musique. THE END. Générique.

— Ça ne se passe certainement pas comme ça. L'histoire n'est pas finie. Avant le mariage et les deux mini monstres, Samson fixe des règles précises à Dalila. Si elle ne les respecte pas, elle perdra à jamais son grand amour. Un, porter son cartable dans le bus; deux, lui filer les exos de maths entièrement faits le matin, avant le début des cours; trois, faire la queue pour les pains au chocolat à la récré ; quatre, l'emmener au ciné, une fois par semaine ; cinq, lui graver* tous les CD qu'elle veut, mais surtout…

— Mais surtout ?

Fanny a attendu un long moment.

— Mais surtout, jurer de ne plus jamais la trahir*.

— Je le jure.

— Pas si vite. Dis : je jure de ne plus jamais trahir Fanny.

— Je jure de ne plus jamais trahir Fanny. Pour les CD, les pains au choc et les exos de maths, je ne jure pas.

Fanny a froncé les sourcils.

— Tom…

— OK, c'est bon, je jure aussi pour les CD et tout le reste…

Fanny s'est approchée et elle a posé sur mes lèvres un tout petit baiser, qui a volé comme un papillon, puis elle a disparu.

J'ai couru jusqu'à la cabine téléphonique de l'école et j'ai appelé papa au boulot pour lui raconter. On m'a dit qu'il était absent. J'ai appelé sur son portable, il était à une terrasse de café, en amoureux, avec maman. J'ai téléphoné à Sam, elle m'a hurlé dans l'oreille :

— Je lui ai dit à ce crétin de Laurent que je l'aimais et que oui, j'étais d'accord pour me marier. Tu parles d'une galère, il faut que je me trouve une robe de mariée maintenant. Tu vois le genre : dentelle* chantilly, je vais avoir l'air d'une tarte. Rigole pas, toi, en garçon* d'honneur t'auras l'air d'un pingouin*.

— Sam…

— Oui, l'asticot ?

— Arrête de parler comme ça, c'est nul. Tu vas être une très jolie mariée et moi, je serai fier d'être derrière toi. Avec un peu de chance, Fanny voudra bien venir et ça sera cool.

— Tu crois que d'ici là, tu seras encore amoureux d'elle, t'auras pas changé pour une blondinette aux cheveux longs ?

— Sam…

— C'est bon papi, je sais, vous allez fêter vos noces* de diamant…

J'ai levé les yeux vers le ciel, il était bleu, grand, léger comme l'amour. J'étais super content.

Questions et activités

Après la lecture du chapitre 1

Dis si les affirmations suivantes sont justes ou non.

1. Tom trouve que tout est compliqué avec les filles. C'est pourquoi il a demandé à sa tante Sam de l'aider.
   ☑ oui   ☐ non

2. Tom a toujours peur que Fanny se moque de lui.
   ☑ oui   ☐ non

3. Tom est amoureux de Fanny, mais il ne fait pas tout ce que lui conseille Sam.
   ☐ oui   ☑ non

4. Les copains de Tom pensent comme lui qu'il faut que les filles fassent tout ce que les garçons veulent.
   ☑ oui   ☐ non

Après la lecture du chapitre 2

Réponds aux questions.

1. Pourquoi est-ce que Sam dit à la mère de Tom : « Tu es ma sœur, pas ma mère » ?

2. Que pense la mère de Tom de l'influence de Sam sur son fils ? *C'est une mauvais influence* ~~sacrifia~~

3. Qu'est-ce que Tom doit demander à Fanny le lendemain ?

4. Depuis combien de temps est-ce que Laurent attend Sam dans le café en bas ? *Une heure trente*

Après la lecture du chapitre 3

Dis si les affirmations suivantes sont justes ou non.

1. Tom dit à Fanny qu'il a pensé à elle toute la nuit et qu'il n'a même pas pris son petit déjeuner pour la revoir plus vite.
   ☑ oui   ☐ non

2. Tom demande à Fanny de couper ses cheveux.
   ☑ oui   ☑ non

51

3. Tom est content que Fanny s'intéresse à lui.

☑ oui ☐ non

4. Gaston pense que Fanny va se faire couper les cheveux le lendemain.

☐ oui ☑ non

Après la lecture du chapitre 4

Dis si les affirmations suivantes sont justes ou non.

1. Gaston a raconté que c'est à cause d'un plan de Tom que Fanny s'est coupé les cheveux.

☐ oui ☐ non

2. Tom pense que Sam ne peut pas se tromper quand il s'agit d'amour.

☐ oui ☐ non

3. Les filles ne se moquent pas de Fanny.

☐ oui ☐ non

4. Jonas protège Fanny et empêche Tom de lui parler.

☐ oui ☐ non

Après la lecture du chapitre 5

Dis si les affirmations suivantes sont justes ou non.

1. Tom ne veut pas parler à sa mère quand elle vient dans sa chambre : il préfère rester seul.

☐ oui ☐ non

2. Tom ne connaît pas son grand-père : il sait seulement que c'est un vrai dictateur.

☑ oui ☐ non

3. Tom aimerait avoir un grand-père comme celui de ses cousines.

☐ oui ☐ non

4. Tom parle souvent de ses problèmes et de ses sentiments avec son père.

☐ oui ☑ non

Après la lecture du chapitre 6

Réponds aux questions.

1. Pourquoi est-ce que Sam pleure quand elle est assise devant la porte de la chambre de Tom?
2. Pourquoi la mère de Tom passe souvent ses soirées sans que personne ne lui parle?
3. La mère de Tom parle de son jardin secret: de quoi s'agit-il?
4. Où est-ce que Sam passe la nuit après la discussion avec sa sœur et Tom?

Après la lecture du chapitre 7

Dis si les affirmations suivantes sont justes ou non.

1. Pour comprendre comment l'amour fonctionne, Sam et Tom achètent deux livres dans une grande librairie.
   ☐ oui   ☐ non
2. Quand elle passe devant le magasin de vêtements pour enfants, Sam a les larmes aux yeux.
   ☐ oui   ☐ non
3. Tom constate que les écrivains expliquent des choses qu'ils ne comprennent pas eux-mêmes.
   ☐ oui   ☐ non
4. Comme souvent, Tom va prendre un Coca au café d'en bas avec son père.
   ☐ oui   ☐ non

Après la lecture du chapitre 8

Réponds aux questions.

1. Comme le père de Tom sait qu'il est difficile de parler de ses problèmes, qu'est-ce qu'il propose à son fils pour l'aider?
2. Qu'est-ce que Tom raconte à son père?
3. Pourquoi est-ce que le père et le grand-père de Tom se sont fâchés?
4. Être un homme, qu'est-ce que cela veut dire pour le père de Tom?

Après la lecture du chapitre 9
Dis si les affirmations suivantes sont justes ou non.
1. La mère de Tom est très étonnée en apprenant que le père et le fils ont discuté aussi longtemps.
   ☐ oui   ☐ non
2. Le père de Tom allume son ordinateur et se met tout de suite au travail pour rattraper le temps perdu.
   ☐ oui   ☐ non
3. Le lendemain matin, les parents de Tom prennent leur petit déjeuner au lit au lieu de travailler comme d'habitude.
   ☐ oui   ☐ non
4. Tom pense que c'est mieux d'oublier Fanny parce que ça ne vaut pas la peine de se battre pour vivre comme ses parents.
   ☐ oui   ☐ non

Après la lecture du chapitre 10
Réponds aux questions.
1. Pourquoi est-ce que le père de Tom imprime les romans de sa femme?
2. Pourquoi est-ce que le père de Tom fait mourir de rire sa femme et son fils?
3. À qui est-ce que la mère de Tom compare Éliot?
4. Est-ce que l'histoire de la montgolfière et du rouleau de scotch double face permet à Tom de mieux comprendre comment fonctionne l'amour?

Après la lecture du chapitre 11
Dis si les affirmations suivantes sont justes ou non.
1. Le lundi, Fanny ressemble à un top model et personne ne se moque plus d'elle.
   ☐ oui   ☐ non
2. Quand Tom raconte qu'il a compris quelque chose beaucoup trop tard, il n'ose pas regarder Fanny.
   ☐ oui   ☐ non

3. Pendant que Tom parle, Fanny garde la tête baissée.

☐ oui ☐ non

4. La prof et les élèves applaudissent parce qu'ils trouvent que Tom a bien fait de tout raconter et de dire qu'il regrettait ce qu'il avait fait.

☐ oui ☐ non

Après la lecture du chapitre 12

Dis si les affirmations suivantes sont justes ou non.

1. Jonas a compris que Tom et Fanny se sont retrouvés et il s'en va.

☐ oui ☐ non

2. Fanny pense qu'on peut tout pardonner aux gens lorsqu'on les aime.

☐ oui ☐ non

3. Après que Tom a juré de ne plus jamais la trahir, Fanny a déposé un petit baiser sur ses lèvres.

☐ oui ☐ non

4. Sam n'est plus d'accord pour se marier avec Laurent parce qu'elle n'a pas envie de porter une robe de mariée.

☐ oui ☐ non

Après la lecture de tout le roman

Fais les activités suivantes.

1. Écris un texte pour la quatrième page de couverture.

2. Rédige un courriel pour donner envie à un(e) ami(e) de lire ce livre.

3. Écris une critique de ce roman pour le journal de ton école ou un site Internet.

4. Écris une lettre à l'auteur de ce roman.

Lexique

Les explications données ne tiennent compte que du sens des expressions dans le texte.

fam. = familier; **f.** = féminin; **m.** = masculin; **qqn** = quelqu'un; **qqch.** = quelque chose.

se laisser **abattre**: se décourager
accabler qqn: être pénible, être difficile à supporter pour qqn
accélérer: aller plus vite
accoucher: donner naissance à un enfant
accuser qqn: dire que qqn est coupable, qu'il a fait une faute
achever: donner un dernier coup, finir
l'**acide sulfurique** m.: un produit très dangereux (H_2SO_4)
une **angoisse**: peur
les **applaudissements**: action d'applaudir, de frapper dans ses
    mains en signe d'admiration
tu en as **assez fait**: tu as fait assez de bêtises; ça suffit
avaler mes Miel Pops: prendre mon p'tit dèj, mon petit déjeuner
avertir: prévenir, dire
en **avoir ras-le-bol** (fam.): en avoir assez, ne plus vouloir
la **baguette**: petit bâton tout droit et mince (pour jouer du
    tambour par exemple)
balancer (fam.): dire
balbutier: dire à voix basse et de manière indistincte
la **balle**: morceau de métal qu'on envoie avec une arme pour tuer
le **baratin** (fam.): ce qu'on dit pour attirer ou pour tromper
les **barbelés**: clôture en fil de fer barbelé, c'est-à-dire avec des
    pointes
barbu: qui a de la barbe, des poils au menton
la **barrette**: pince pour tenir les cheveux
se **bidonner** (fam.): rire
c'est **bien fait**: tu as ce que tu mérites
le **bisou** (fam.): petit baiser, bise
se **blinder** (fam.): devenir dur
pas de **bol** (fam.): pas de chance
la **bonniche** (fam.): la bonne = une domestique employée à la
    maison pour faire la cuisine et le ménage
les **bornes**: les limites

bosser (fam.) : travailler

la **boucle** : les cheveux qui frisent forment des boucles

faire la **boule à zéro** (fam.) : raser tous les cheveux

le **boulot** (fam.) : le travail

c'est le **bouquet**! (fam.) : il ne manquait plus que ça!

brancher qqn (fam.) : intéresser qqn

se **brancher** sur : entrer en contact avec

brusquer qqn : être dur avec qqn

cafter (fam.) : raconter ce qu'il ne faut pas dire

le **câlin** : caresse, échange de tendresses

le **canon** (fam.) : femme très belle

le **cartable** : sac d'écolier

casser les pieds à qqn (fam.) : embêter, ennuyer qqn

le **cauchemar** : mauvais rêve

Cendrillon : personnage de contes de fées et de dessins animés.
Un prince se marie avec elle après qu'elle a pu mettre une très petite chaussure (qu'elle avait perdue au bal).

le **cétacé** : grand animal qui vit dans la mer, la baleine par exemple

le **chagrin** : tristesse, peine

se **charger** de : s'occuper de

se faire **choper** (fam.) : se faire prendre

chouette (fam.) : bien, sympathique

chuchoter : parler tout bas

faire son **cirque** (fam.) : faire qqch. pour se faire remarquer

le **clin d'œil** : signe qu'on fait en fermant puis en rouvrant l'œil

compliqué : difficile à faire ou à comprendre

consoler qqn : réconforter qqn, calmer sa peine, son chagrin

la **constatation** : fait de comprendre, de se rendre compte

coudre : fixer avec du fil passé dans une aiguille; faire de la couture

la **couette** : mèche de cheveux retenue par une barrette au-dessus des oreilles

le **crétin** (fam.) : idiot, imbécile

crever les yeux : rendre aveugle

piquer sa crise (fam.) : se mettre en colère

l'air **cruche** (fam.) : l'air bête

débarquer : arriver

débile (fam.) : idiot

décevoir qqn : ne pas faire ce que qqn souhaite

déclencher : entraîner, avoir pour conséquence

décongeler les plats Picard : ramener les plats de la marque
« Picard » à une température de plus de zéro degré

un air **dégagé**: air décontracté

la **dentelle (chantilly)**: tissu très fin (avec des fils formant des hexagones)

avoir une **déprime**: être triste et découragé

le **dessin animé**: film composé d'une suite de dessins

le **dictateur**: personne qui agit sans contrôle, qui a tous les pouvoirs

discréto (fam.): discrètement, sans se faire remarquer

se **disputer**: se quereller, se dire des choses désagréables

dodeliner: bouger (la tête)

se **donner la peine** de: essayer de

le **dosage**: équilibre entre les quantités

draguer qqn (fam.): chercher à avoir une aventure amoureuse avec qqn

un **éditeur**: personne ou entreprise qui publie des livres

une **maison d'édition**: éditeur

efficace: qui fait bien ce qu'il doit faire

élever un enfant: nourrir et éduquer, s'occuper de la formation intellectuelle et morale d'un enfant

ne pas pouvoir s'**empêcher** de: être obligé de

s'**engager**: se lier, former un couple

s'**engueuler** (fam.): se disputer

une **éponge**: objet qui retient l'eau et qui sert à nettoyer

l'**esclavage** m.: situation de celui qui a perdu sa liberté et qui doit toujours travailler pour un maître

excité: énervé, agité

exécuter: faire mourir après une décision de justice

l'**existence** f.: la vie

un **exo**: exercice

faire **exprès**: faire spécialement, faire parce qu'on le veut

fâché: contraire de « content »

la **fée du logis**: femme qui s'occupe très bien de la maison

le **fiancé**, la **fiancée**: quelqu'un avec qui on veut se marier; le copain / la copine avec qui on est lié

fiche-moi la paix (fam.): laisse-moi tranquille

la vieille **fille**: femme d'un certain âge qui n'est pas mariée

faire **fondre**: rendre liquide

je m'en **fous** (fam.): cela m'est égal

foutre son poing en travers de la figure (fam.): donner un coup de poing, frapper au visage

une sacrée **galère** (fam.): situation très pénible et très difficile le **garçon d'honneur** : garçon qui accompagne la mariée dans un mariage

le **garde du corps** : personne qui protège quelqu'un d'important

les **gémissements** : petits cris qui expriment la douleur

le **générique** : à la fin d'un film, liste des personnes qui ont travaillé à ce film

glander (fam.) : ne rien faire

le **gosse** (fam.) : enfant

se mettre en **grappe** : entourer en formant un groupe serré (comme une grappe de fruits ou de fleurs)

graver des CD : copier des CD

le **guet-apens** : piège

la **gueule** (fam.) : tête

de la **guimauve** à l'eau de rose : un garçon qui ne sait pas ce qu'il veut

humilier qqn : vexer, blesser qqn dans sa dignité, rabaisser qqn devant les autres

ignorant : qui ne sait pas, qui ne connaît pas

imploser : se détruire de l'intérieur comme un vieux poste de télévision

une **imprimante** : appareil qu'on branche à l'ordinateur pour imprimer

imprimer : faire sortir le texte de l'ordinateur sur une feuille de papier

une **influence** : exemple, autorité

t'inquiète (fam.) : ne t'inquiète pas, ne te fais pas de souci

insolent : qui manque de respect

le **jardin secret** : les pensées, les actions qu'on garde secrètes, qu'on ne raconte pas aux autres

jurer : promettre

le **kraft** : papier très solide

le **loukoum** : pâtisserie parfumée et très sucrée

louper (fam.) : rater ; ça ne loupe jamais : c'est toujours comme ça

le **macho** (fam.) : homme qui pense que les hommes sont supérieurs aux femmes

malin, maligne : intelligent, astucieux, futé

maniacodépressif : malade psychologiquement

la **marionnette** : poupée qu'on dirige avec des fils

faire **marner** qqn (fam.) : faire souffrir qqn, faire du mal à qqn

en avoir **marre** de (fam.) : en avoir assez, ne plus pouvoir supporter

se **marrer** (fam.) : rire

massacrer: tuer; exploiter, traiter en esclave
le **mec** (fam.): homme, garçon, gars, type
se **méfier**: faire attention
la **meuf** (fam.): femme (en verlan), fille
meure, verbe **mourir**: arrêter de vivre
minable (fam.): nul
moche (fam.): contraire de « beau, bien »
la **montgolfière**: ballon gonflé à l'air chaud
ça ne **mord** pas: on ne prend pas de poissons
mordre à l'hameçon: se faire prendre, tomber dans le piège
moulant: qui souligne les formes du corps
murmurer: dire à voix basse
se **muter** en: se changer en
la **nana** (fam.): fille, femme
les **noces de diamant**: fête anniversaire après soixante ans de
    mariage
nul, nulle: sans qualité, bête, idiot, sans intérêt
l'**Odyssée** f.: poème d'Homère qui raconte le voyage d'Ulysse
un **ordinateur**: PC
passer pour un idiot: être considéré comme, être pris pour un idiot
la **permanente**: traitement pour friser les cheveux
Pénélope: la femme d'Ulysse
la **pension**: internat
du **Perrier** avec de la grenadine: de l'eau minérale pétillante avec
    du sirop
peser ses mots: faire attention à ce qu'on dit
les **Philistins**: peuple de Palestine (dans l'Antiquité)
le **pingouin**: oiseau de mer blanc et noir qui vit sur la glace
piquer: faire l'effet d'une aiguille, d'une épingle
le **plan d'attaque**: ce que Tom va faire le lendemain
la **planète**: par exemple, la Terre, Vénus ou Mercure qui tournent
    autour du Soleil
plaquer qqn (fam.): abandonner qqn, laisser qqn seul
poireauter (fam.): attendre
la **pommette**: haut de la joue
le **pot de colle**: personne qui est toujours présente même quand
    on veut être tranquille
pourri: très mauvais
le **pouvoir**: autorité, puissance; ceux qui dirigent
le **préau**: partie couverte de la cour de l'école
la **preuve**: ce qui montre que qqch. est vrai

prévenir: informer
prévoir: imaginer, penser (à l'avance)
la **prison**: établissement où on enferme les criminels
être **prisonnier** de: ne plus pouvoir se libérer de
procéder: faire
la **queue de cheval**: manière de coiffer ses cheveux en les atta-
  chant ensemble à l'arrière de la tête
qui que ce soit: personne, quelqu'un
quoi que ce soit: n'importe quelle chose, quelque chose
les **rapports de forces**: relation entre deux personnes qui
  s'opposent
une **ratatouille** (fam.): action de battre quelqu'un, de donner
  des coups, des baffes à qqn
rattraper le temps perdu: récupérer, retrouver le temps perdu
ravaler son venin: arrêter de dire des choses méchantes
la **récré**: la récréation
reculer: revenir en arrière
récupérer: retrouver, reprendre
regretter qqch.: être triste et mécontent en pensant à qqch.
renifler: faire entrer de l'air par le nez en faisant du bruit
la **rentrée**: le premier jour de classe après les vacances
réparer: supprimer les conséquences d'un acte, retrouver
  la situation d'avant
reprendre le dessus: aller mieux, se remettre
ne pas en **revenir**: avoir du mal à croire, être étonné
le **ridicule**: ce qui donne envie de se moquer
rigoler (fam.): rire
ringard (fam.): démodé, dont les idées ne sont pas modernes
la **risée**: objet de moquerie
roucouler: se dire des choses tendres
le **sacrifice**: fait de renoncer à ce qu'on aime, de donner ce qu'on
  ne veut pas donner
la **scolarité**: années pendant lesquelles l'école est obligatoire
le **scotch double face**: nom d'un ruban adhésif qui colle des deux
  côtés
scotcher les trous: boucher, fermer les trous
faire **semblant** de: faire comme si
la **serrure**: ce qui permet de fermer une porte avec une clé
sévère: dur, manquant de tolérance, strict
ne pas être **sorti de l'auberge** (fam.): avoir encore beaucoup de
  problèmes à régler

subir : être soumis à, devoir supporter

suffire : être assez

tabou : dont il ne faut pas parler

taper : frapper, donner des coups

le **témoin** : personne qui assiste à ce qui se passe

tenir bon : rester fort

les **Tex Avery** : dessins animés réalisés par Tex Avery

le **tombeur de filles** (fam.) : séducteur, homme qui plaît aux filles, qui les attire

trahir : tromper, abandonner

la **trahison** : action de trahir

le **traître**, la **traîtresse** : personne qui trompe, qui ne tient pas sa promesse

le **truc** (fam.) : la chose

se **tromper** : faire une erreur

la **tronçonneuse** : appareil qui sert à couper le bois

le **tueur** : personne dont le métier est de tuer

la **vache** ! (fam.) : expression qui exprime l'étonnement, l'indignation

les **vannes** : système d'ouverture et de fermeture qui retient l'eau, qui empêche l'eau de couler normalement

être **victime d'un racket** : être obligé par la violence / sous la menace de donner de l'argent à d'autres élèves

visser : serrer en tournant

zozoter : parler en remplaçant « j » par « z » et « ch » par « s »